Maneras de vivir

Michelle Jovin, M.A.

Las personas viven en muchos lugares.

Tienen maneras de cuidarse.

¡Donde vivimos hace frío!

Podemos cuidarnos
del frío.

Nuestra casa nos ayuda
a estar calentitos.

Nuestra ropa también nos ayuda a estar calentitos.

¡Donde vivimos hace calor!

Podemos cuidarnos
del calor.

Nuestra casa nos ayuda a estar frescos.

Nuestra ropa también nos ayuda a estar frescos.

¡Donde vivimos llueve mucho!

Podemos cuidarnos de la lluvia.

Nuestra casa nos
ayuda a estar secos.

Nuestra ropa también
nos ayuda a estar secos.

¿Cómo está el tiempo
donde vives tú?

¿Cómo haces para cuidarte?

¡Dibújalo!

¿Y si vivieras en el Polo Norte? ¿Cómo sería tu vida?

1. Dibuja tu casa en el Polo Norte.

2. Dibuja tu ropa.

3. Muestra cómo te cuidarías del frío.

Asesora
Chrissy Johnson, M.Ed.
Maestra de escuela primaria
Escuela primaria Cedar Point

Créditos de publicación

Rachelle Cracchiolo, M.S.Ed., *Editora comercial*
Emily R. Smith, M.A.Ed., *Vicepresidenta superior de desarrollo de contenido*
Véronique Bos, *Vicepresidenta de desarrollo creativo*
Caroline Gasca, M.S.Ed., *Gerenta general de contenido*
Robin Erickson, *Directora superior de arte*
Fabiola Sepulveda, *Diseñadora gráfica*

Créditos de imágenes: pág.19 Valeria Fabregas; todas las demás imágenes cortesía de iStock y/o Shutterstock.

Library of Congress Cataloging in Publication Control Number:
2024051753

TCM Teacher Created Materials

5482 Argosy Avenue
Huntington Beach, CA 92649
www.tcmpub.com
ISBN 979-8-3309-0202-6
© 2025 Teacher Created Materials, Inc.